O P Q
R S
T U V
W
X Y Z

Dieses Buch gehört:

. . . .

Meine
ABC-Schule
in Bildern und Versen

gondolino

Text und Illustration: Norbert Pautner

ISBN: 3-8112-2446-8

015

Der Umwelt zuliebe gedruckt auf chlorfrei gebleichtem Papier.

5 4 3 2 1

www.gondolino.de

Inhaltsverzeichnis

Vorwort 8

Das Lese-ABC 10

Das ganze Alphabet 16

Vorwort

In diesem Buch, du ahnst es eh,
geht es allein ums ABC.
Das ABC? Was macht, was tut es?
Ist es was Schlechtes oder Gutes?

Im ABC – man nennt's auch Alphabet –
Buchstabe eng an Buchstab' steht:
in fester Reihe ohne Lücke –
im Ganzen 26 Stücke.

Die hat man – wenig ausgefeilt –
in nur zwei Gruppen eingeteilt:
Die erste Gruppe ist sehr klein,
es gehn fünf Buchstaben nur rein;
ein jeder wird Vokal genannt.
Der Rest, übrigens, heißt Konsonant.

Vokale (A, E, I, O, U)
erklingen ohne was dazu.
Dagegen hat ein Konsonant
alleine einen schweren Stand:
Nur mit Vokal, da klingt er flott;
man sagt nie „JJJ", sondern stets „Jott".

Im Lauf des Buches siehst du gut,
was man mit den Buchstaben tut:
Man packt mit ihnen ein Paket,
so lange, bis ein Wort entsteht.

So kannst – mit 26 Zeichen –
du einen großen Schatz erreichen:
Das ist es, was das ABC enthält –
mit jedem Wort ein Stück der Welt!

Was in diesem Buche steht,
ist das ganze Alphabet.
Also los, wir geben Gas:
Blätter um, fang an, viel Spaß!

Das Lese-ABC

Wir lernen nun das ABC –
und nicht etwa das ACB!
Denn innerhalb vom Alphabet
weiß jedes Zeichen, wo es steht.
Die Ordnung ist längst festgelegt,
kein Buchstabe sich mehr bewegt.

Die Reihenfolge ist nicht schwer,
die lernst du ganz leicht nebenher;
das geht so einfach – 1, 2, 3 –
es hilft das **Lese-ABC** dabei.

A B C – Lesen tut nicht weh.

D E F – wer lesen kann, ist Chef.

G H I – Lesen ist Magie.

J K L – Lesen lernt man schnell.

M N O – wer liest da auf dem Klo?

P Q R – ich lese kreuz und quer.

S T U – beim Lesen brauch' ich Ruh.

V W X – heute les' ich nix!

Ypsilon und **Z** – ich lese gern im Bett.

Das wär's erst mal von A bis Z –
jetzt ist das Lese-ABC komplett.

P
S
K
K
N

Das ganze Alphabet

Interessanterweise haben
von den ABC-Buchstaben
viele nicht nur **einen** Klang:
Mal kann's kurz sein und mal lang,
manchmal hart und manchmal weich –
vieles klingt nicht immer gleich.

Und im ABC-Register
gibt es auch noch die Geschwister:
Ä, Ö, Ü und das ß
machen erst das Bild komplett.

So will ich denn nun überleiten
zu den 42 Seiten,
die nun folgen mit recht vielen
anschaulichen Wortbeispielen.

Am **A**nfang steht das große **A**;
acht **A**ffen im **A**uto in **A**frika.

Das **a** kann kurz sein und auch lang;
d**a**s Sch**a**f w**a**rtet **a**m Notausg**a**ng.

Zwei **A** machen fast alles länger;
das **Aa**lp**aa**r trifft zwei Doppelgänger.

A-I spricht man nicht immer **ai**;
im **Ai**rbag verbeißt sich der H**ai**.

Ein **A** mit **U**, das spricht sich **au**;
das **Au**erhuhn h**au**t **au**f den Pf**au**.

Nicht immer klingt **A-O** wie **au**;
im Ch**ao**s trinkt man gern Kak**ao**.

Ä spricht man A mit Punkten aus;
der B**ä**r br**ä**t **Ä**pfel hinterm Haus.

Oft **Ä** und **U** zu **äu** sich beugen;
zwei M**äu**se h**äu**fig sich be**äu**gen.

Zwei Bögen sitzen rechts am **B**;
der **B**är **b**etreut **b**ehutsam das **B**uffet.

Das Doppel-**B** klingt doppelt weich;
die Ro**bb**e spürt die E**bb**e gleich.

Mal „ts“, mal „k“ – das **C** ist schwer;
Herr **C**äsar isst gern **C**amembert.

Ein **C-K** ste**ck**t in jeder E**ck**e;
das Zi**ck**lein me**ck**ert in der He**ck**e.

Wie **C**-**H** klingt, das weißt du nicht?
Ma**ch** do**ch** beim Sa**ch**en su**ch**en Li**ch**t!

C-**H** klingt auch mal unterschiedlich;
der Da**ch**s isst **Ch**ips – das ist ja niedlich!

Das **D** hat einen dicken Bauch;
drei **D**rachen **d**enken sich **d**as auch.

Das **d** ist auch am Schluss zugegen;
der Hun**d** fährt Ra**d** im Wal**d** bei Regen.

D-**D** sieht man im Ku**dd**elmu**dd**el;
der Te**dd**y pa**dd**elt auf der Bu**dd**el.

Hart klingt das **D**, wenn's noch ein **T** hat;
der Bär besucht Verwan**dt**e in der Sta**dt**.

Das **E**, das kommt ganz häufig vor;
d**e**r **E**lch **e**rforscht ganz **E**cuador.

Das **e** ist manchmal ganz schön stumm;
die Has**e**n steh**e**n ums Feu**e**r rum.

Aus **E** und **I** wird schnell **ei**n **Ei**
das Huhn legt davon gl**ei**ch mal zw**ei**.

Ei rückwärts ist ein langes **I**;
d**ie** B**ie**ne fl**ie**gt so schön w**ie** n**ie**.

Verdoppelt wird das **E** gedehnt;
Am Kaff**ee**tisch der S**ee**hund lehnt.

E-U klingt meistens wie ein **eu**;
N**eu**n **Eu**len h**eu**len h**eu**t' im H**eu**.

Das **F** klingt wie ein starker Wind;
fün**f** **F**ische o**f**t beim **F**rühsport sind.

Das **F** statt **V** zu schreiben, ist ein Fehler;
fier **F**ögel ziehn durch **f**iele Täler.

Es pfeift der Wind durchs Doppel-**F**;
Brülla**ff**en knu**ff**en sich mit viel Gekl**ä**ff.

Das **P** vorm **F** fast explodiert;
Der **Pf**au hü**pf**t **pf**eifend, weil ihn friert.

Das **G**: ein Bogen und ein Strich dazu;
im **G**lockenturm **g**efällt's dem **G**nu.

Oft klingt ein **G** auch weich – wie in Gara**g**e;
ein **G**entleman gerät fast nie in Ra**g**e.

Das **H** hört man mitunter kaum;
der **H**ase **h**oppelt **h**intern Baum.

Das **h** alle Vokale de**h**nt;
das Rebhu**h**n in der Hö**h**le gä**h**nt.

Das **I** ist nur ein langer Strich;
dem **I**gel **i**st ganz w**i**nterl**i**ch.

Ganz selten klingt das **i** wie **ei**;
der L**i**ons' Club ist l**i**ve dabei.

Am Anfang stimmhaft klingt das **J**;
Juwelen **j**agt der **J**aguar ganz flott.

Weich hört das **J** wie **Dsch** sich an;
Jumbo **j**ongliert in Ra**j**asthan.

Das **K** **k**nac**k**t ordentlich beim Sprechen;
das **K**ro**k**odil **k**ann man **k**aum stechen.

Manchmal gibt **K** auch keinen Laut;
trotz **K**now-how ging der Frosch **k**nock-out.

Das **L** gibt's mit und ohne Socke**l**;
der **L**eguan **l**iest mit Monoke**l**.

Das Doppel-**L** wird gern gela**ll**t;
die Qua**ll**e auf die Scho**ll**e pra**ll**t.

Das **M** ist spitz, das **m** ist stumpf;
die **M**aus **m**arschiert **m**it Hel**m** **im** Su**m**pf.

Mit „**mm**“ kann man ein Liedchen su**mm**en;
am Hi**mm**elszelt die Hu**mm**eln bru**mm**en.

Das **N** steht hinten und auch vorn;
neu**n** **N**ase**n**affe**n** **n**ecke**n** ei**n** **N**ashor**n**.

Das Doppel-**N** fällt uns kaum auf;
die Spi**nn**e re**nn**t die To**nn**e rauf.

N-**G** man durch die Nase spricht;
der Di**ngo** mag die Schla**nge** nicht.

N-**F** gibt's wirklich nicht so häufig,
doch Se**nf** und Fü**nf** sind uns geläufig.

Das **O**, das ist vor allem rund;
der **O**chse **o**rgelt **o**hne Grund.

Das **O** mit Punkten spricht man **ö**;
der L**ö**wenk**ö**nig gr**ö**lt in der H**ö**h.

Das lange **oo** kommt selten vor;
man fährt nicht gerne B**oo**t im M**oo**r.

Manch **o** spricht sich auch englisch aus;
der c**oo**le C**o**wb**o**y geht nach Haus.

O-I, das spricht man meistens **eu**.
Ah**oi**! Wir segeln nach Han**oi**!

O-U spricht man französisch **u**;
beim Rendezv**ou**s isst man Rag**ou**t.

Präzise steht das **P** parat;
der **P**a**p**agei **p**asst zum **P**irat.

Das **P** wird oft und gern verdo**pp**elt;
die Tra**pp**e durch die Ste**pp**e ho**pp**elt.

Wie **F** klingt **P-H** irgendwie;
der **Ph**önix ist ein **Ph**änomen der **Ph**antasie.

Mit **P** gibt's manchen Zungenbrecher;
„**Pt**erodaktylus' **Ps**yche" nervt den Sprecher.

Das **Q** kann nicht alleine gehen,
es muss ein **u** gleich bei ihm stehen.

Den **Qu**etzal **qu**ält heut jeder Schritt;
die **Qu**alle **qu**ietscht, wenn man drauf tritt.

S vor Vokal ist äußerst stimmhaft;
Seebären **s**aufen **s**elten **S**aft.

Scharf ist das **S** mitunter auch;
Franzi**s**ku**s** im Hibi**s**ku**s**-Strauch.

Kurz der Vokal vorm Doppel-**S**;
der Bu**ss**ard nimmt den Flu**ss**-Expre**ss**.

Vor **ß** sind Vokale lang;
der Strau**ß** hat Spa**ß** am Mü**ß**iggang.

Vor **p** und **t** klingt **S** ganz weich;
die **Sp**itzmaus **sp**ielt dem **St**orch ’nen **St**reich.

S-C-H wird **sch** gesprochen;
das **Sch**wein hat sich vor **Sch**am verkrochen.

Die Form des **T** gleicht einem **T**isch;
der **T**iger **t**riff**t** den **T**in**t**enfisch.

Das Doppel-**T**: hart wie ein Bre**tt**!
Der Si**tt**ich fla**tt**ert ma**tt** ins Be**tt**.

T-H gibt es auch schon recht lange;
in **Th**ailand **th**ront die Py**th**on-Schlange.

T-Z spricht sich fast wie Gelispel;
es he**tz**t der Spi**tz** die Ka**tz**e auf die Mispel.

Das **U** sieht aus wie eine K**u**hle;
der **Uhu** r**u**ht a**u**ch in der Sch**u**le.

Ein **U** mit Pünktchen spricht man **ü**;
das h**ü**bsche Bl**ü**mchen bl**ü**ht schon fr**ü**h.

Wie **F** spricht man das „**V**ogel-**V**“;
der **V**ielfraß färbt sich **v**eilchenblau.

Mit **V** wie **W** spricht man die **V**ase;
Vitamin C schützt Hals und Nase.

Das **W** am Anfang sprechen wir betont –
wer **w**eiß, **w**arum der **W**urm im **W**att **w**ohnt?

Mitunter ist ein **w** am Ende auch mal still;
ein Cho**w**-Cho**w** mit Kno**w**-ho**w** weiß, was er will.

Das **X**: ein Kreuz – das ist es schon;
der **X**aver spielt heut **X**ylophon.

Fragt man nach einem Satz mit **x**,
dann ju**x**t der Ma**x** la**x**: „War wohl ni**x**!“

Das **Y**psilon gebraucht man weniger;
es frieren **Y**ak und **Y**eti sehr.

Das **Y**psilon sprich **ü** und **i**;
das Pon**y** reitet der Pol**y**p meist nie.

Zum Schluss das **Z**, und das geht so:
Zwei **Z**ebras stehn am **Z**aun im **Z**oo.

Mit Doppel-**Z** gibt's kaum ein Wort;
der Ja**zz**er trägt die Pi**zz**a fort.

Applaus! Applaus!
Das Buch ist aus!
Ich denke (und ich wünsche) mal,
es war im Ganzen keine Qual;
es las sich hoffentlich recht nett,
von „acht“ bis „Zoo“, von A bis Z.

Nun kannst du selber ausprobieren,
was Lustiges zu buchstabieren.
Dabei ist jeder Satz Gewinn,
macht er vielleicht auch keinen Sinn.

Du darfst ruhig bunten Unfug stricken,
lass **z**wanzig **Z**iegen **Z**ucker **z**wicken
und **ü**be **U**lk im **Ü**bermaß –
das ABC macht immer Spaß.

Mein Wunsch sei nun zum Schluss gewesen:
Vergnüg' dich ordentlich beim Lesen!

Z
WXY
STUV
NOPQR
HIJKLM
ABCDEFG

A B C
D Erbsen E
F G H
I J K
L M N